W0331023

CARTERIE

créations de papier

Nous tenons à remercier Clairefontaine
pour son aimable collaboration.

Clairefontaine

© Belem éditions, 2005, Paris
159, rue de Rome 75017 Paris
Une maison d'édition de Clairefontaine - Rhodia

ISBN : 2-915577-25-0
N° d'édition : 26
Dépôt légal : mars 2005

Direction éditoriale : Jean-François Valeri
Direction de collection : Sophie Hélène
Relecture : Brigitte Mugel
Conception graphique et mise en pages : Frédérique Deviller
Photographies : studio des amandiers
Stylisme : Sophie Hélène
Fabrication : CPE Conseil
Photogravure : Arts graphiques du Centre
Impression : Stige (Italie)

« Toute représentation ou reproduction, intégrale ou partielle, faite sans le consentement de l'auteur, ou de ses ayants droit, ou ayants cause, est illicite » (article L.122-4 du code de la propriété intellectuelle). Cette représentation ou reproduction, par quelque procédé que ce soit, constituerait une contrefaçon sanctionnée par l'article L. 335-2 du code de la propriété intellectuelle. Le code de la propriété intellectuelle n'autorise, aux termes de l'article L. 122-5, que les copies ou les reproductions strictement réservées à l'usage privé du copiste et non destinées à une utilisation collective, d'une part, et, d'autre part, les analyses et courtes citations à titre d'exemple et d'illustration.

Collection « Papiers créatifs »
Dirigée par Sophie Hélène

CARTERIE

créations de papier

Anne-Lise Vernejoul et Mathilde Nivet

Photos : studio des amandiers
Stylisme : Sophie Hélène

belem éditions

un joyeux noël
vous souhaite
et une bonne année

Sommaire

Le papier offre quantité de couleurs et de matières. Personnalisez votre papeterie grâce à de très jolies idées simplissimes !

Clairefontaine

Préparation et mise en route

Sélection de cartes et d'enveloppes Pollen®

1. Cartes 106 mm x 213 mm
2. Enveloppe 90 mm x 140 mm
3. Carte pliée 111 mm x 158 mm
4. Enveloppes 114 mm x 162 mm
5. Enveloppes 162 mm x 229 mm
6. Enveloppe 75 mm x 100 mm
7. Carte ronde pliée Ø 135 mm
8. Carte pliée 135 mm x 135 mm
9. Carte pliée 160 mm x 160 mm
10. Enveloppes 110 mm x 220 mm
11. Cartes 110 mm x 155 mm
12. Enveloppes 140 mm x 140 mm
13. Enveloppe 165 mm x 165 mm
14. Carte ronde pliée Ø 135 mm

Qui n'a pas ressenti au moins une fois cette immense volupté à fureter dans les rayons d'une papeterie et à tomber sous le charme des couleurs et des matières de la carterie ?
À la recherche de l'harmonie la plus juste, vous attrapez une première enveloppe, cherchez une carte à associer, prenez une seconde carte, cherchez encore une enveloppe, changez sa taille puis celle de la carte... Mais que ce temps de recherche rempli d'hésitations est délicieux !
Toutes ces cartes et ces enveloppes sont de réels supports de création. Elles sont déjà très belles en soi, mais nous vous proposons au fil de ces pages de les sublimer en les personnalisant selon vos envies.

Le papier et la carte

La carte est un papier très lisse et relativement épais – 210 g – disponible dans une trentaine de coloris et dans des tailles et formes diverses. Il existe des cartes simples, des cartes doubles et même des cartes rondes, très originales. Chacune peut être glissée dans une enveloppe assortie – 120 g –, et il existe un bloc de feuilles A4 unies pour chaque coloris.

Vous découvrirez aussi des papiers et enveloppes irisés, des papiers-calque de couleur unis ou imprimés, des papiers mini-microcannelés, etc.

Sachez que la couleur définit souvent le message que vous voulez faire passer. Vous choisirez plutôt du rose ou du blanc pour annoncer la naissance de votre petite fille, du bleu pour celle de votre petit garçon... Pour une invitation festive, vous préférerez des couleurs vives, et pour le faire-part d'un mariage, vous privilégierez les camaïeux de blancs et d'ivoires.

Les papiers matières donneront un côté artisanal et original à vos cartes. Il en existe de grandes quantités disponibles dans plusieurs coloris : papier mûrier, papier banane, papier indien, papier nature avec des fleurs séchées, papier perforé, papier gaufré, etc.

L'impression à jet d'encre et laser peut se faire sur de nombreux papiers, que ce soit la carte unie, le papier mûrier, le papier-calque, etc.

Le matériel

Pour l'essentiel des créations, réunissez le matériel suivant : une plaque de coupe, un cutter, des ciseaux, une règle graduée, une équerre, un crayon sec 2H ou 4H (s'il est tendre, il tachera le papier), une gomme, de la colle en bâton et des feutres de couleur.

Conseils

Pensez à garder les chutes de papier, elles vous permettront de fabriquer de petites créations et de varier couleurs et matières. Stockez-les dans une boîte ou dans une pochette.

Avant de passer à la réalisation définitive et d'utiliser une belle carte ou une belle enveloppe de couleur, faites toujours des essais avec des feuilles de papier brouillon.

Utilisez des tampons ou des gommettes pour décorer votre courrier. Il en existe de toutes sortes, et vous ne manquerez pas de trouver votre bonheur...

Les techniques

Le pliage

Vous pouvez certes utiliser un plioir en os ou en plastique, mais pour obtenir un pli parfait, voici une technique infaillible avec seulement une règle et un cutter. Avec la règle, tracez la ligne de pli au crayon, repassez dessus avec le cutter en appuyant très légèrement de façon à inciser le papier sans toutefois le couper réellement. La lame ne doit surtout pas transpercer le papier. Ayez la main légère !

La découpe

Installez-vous sur une plaque de coupe en PVC qui a des propriétés antiglisse et cicatrisante. Pour couper droit, tracez d'abord vos repères avec un crayon puis utilisez une règle et un cutter dont la lame n'est pas émoussée.

Le collage

Dans un souci de simplicité, seules les colles en bâton et liquide – type gel universel – sont utilisées pour la réalisation des créations.
Lorsque vous réalisez un collage, enduisez les surfaces de papier et mettez-les en contact pendant quelques minutes, en exerçant une pression avec le dos de votre ongle de pouce.

L'agrafage d'une page en son milieu

Souvent, l'agrafeuse est « trop courte » pour permettre de poser des agrafes à plus de 5 cm du bord de la feuille. Voici une technique qui vous permettra d'agrafer où bon vous semble.
Pour opérer, il est nécessaire de posséder une agrafeuse qui puisse s'ouvrir en deux et une gomme. Glissez la gomme sous l'endroit à agrafer. Posez votre agrafeuse ouverte au-dessus et appuyez. L'agrafe traverse le papier et se fixe dans la gomme. Retirez celle-ci délicatement. Retourner votre papier et, bien à plat, repliez les pattes de l'agrafe en vous aidant de ciseaux ou d'un cutter.

SÉLECTION DE PAPIERS CLAIREFONTAINE

1. PAPIER ROSE POUDRÉ IRISÉ
2. PAPIER-CALQUE ARGENT
3. PAPIER BLEU VERGÉ SULFURISÉ
4. PAPIER-CALQUE OR
5. ASSORTIMENT DE PAPIERS ET DE CARTES DE COULEUR
6. CARTON MINI-MICROCANNELÉ
7. PAPIER MÛRIER

8-9. PAPIER INDIEN

10-11. PAPIER PERFOLIA

12-13. PAPIER-CALQUE

Clairefontaine

Matériel

- Cartes doubles blanches, format 111 mm x 158 mm en 210 g, préalablement écrites ou imprimées
- Cartes doubles roses, format 111 mm x 158 mm
- 1 photo de l'enfant, format 60 mm x 70 mm environ
- 1 ordinateur équipé d'une imprimante
- 1 crayon à papier
- 1 cutter et une plaque de coupe
- 1 règle
- 1 bâton de colle
- Petites plumes blanches

Faire-part tout doux

Pour annoncer votre plus grand bonheur avec la douceur et la légèreté d'une petite plume...

1. Imprimez le texte du faire-part à l'intérieur d'une carte double blanche en laissant vide la partie centrale. Refermez-la et découpez avec un cutter une ligne horizontale de 3,5 cm de long en partant du centre du bord vertical gauche. Sur ce bord, marquez deux autres points à 4,5 cm de la coupe. À partir de ces points, formez un pli rejoignant l'extrémité droite de la coupe : pliez-le vers l'extérieur puis vers l'intérieur.

2. Ouvrez la carte et poussez le losange vers l'intérieur pour qu'il prenne forme. Marquez bien les plis. Appliquez de la colle sur l'extérieur de la carte sauf sur le losange.

3. Collez la carte rose à l'extérieur. Déposez une plume dans la partie mise en volume. Collez la photo sur la première page de la carte rose. Vous pouvez remplacer la plume par un pétale de rose en tissu.

Jean-Christophe et Claire sont heureux de vous annoncer
la naissance de Rose
Elle est née le
15 novembre 2004, pése 3,100 kg et a l'odeur du bonheur

Faire-part maritime

Voici une façon originale d'annoncer la naissance de votre petit garçon. Le faire-part imprimé apparaît lorsque l'on ouvre le pliage du bateau.

Matériel

- Feuilles bleues format A4, 120 g
- Enveloppes bleues assorties 110 mm x 220 mm
- Feuille rouge format A4, 210 g
- 1 ordinateur équipé d'une imprimante
- Ciseaux
- 1 règle
- 1 équerre
- Adhésif double face (facultatif)

Conseil
N'oubliez pas de noter « Déplier… » sur le petit drapeau rouge, avant de glisser le tout dans une enveloppe.

Schémas pages 46-47

1. Rédigez le texte sur un ordinateur : faites en sorte que le prénom de l'enfant soit centré et se situe légèrement en dessous du centre de la page (à environ à 16,5 cm du haut de la page) car seuls le prénom et la date de naissance doivent apparaître sur la voile lorsque le bateau sera plié. Sautez cinq lignes puis notez la date de naissance et les autres mentions. Faites des essais pour que votre mise en page s'ajuste bien au pliage. Pliez votre feuille imprimée suivant le schéma indiqué pages 46-47 en mettant le texte à l'extérieur.

2. Imprimez sur une feuille rouge « Déplier… » plusieurs fois, en sautant des lignes et en décalant les mots à chaque saut de ligne de 5 mm. Découpez une forme de drapeau (dont vous aurez préalablement dessiné la forme avec une équerre). Glissez le manche d'un drapeau dans l'une des voiles.

3. Pour varier, vous pouvez aussi utiliser une petite étiquette brodée au nom de l'enfant collée avec du ruban adhésif double face à la place prévue pour le prénom.

1.

2.

3.

Emma et Juliette partagent a
parents la joie de vou
la nais
Déplier…
LOUIS
Déplier…
Louis
Le 7 février 2005
Liberté égalité fraternité
Melle Anne Aimée
20 rue des bambous
33970 Cap Ferret

Matériel

- Papiers variés (papiers-calques de couleur, papiers mûrier, papiers du monde, etc.)
- Ruban fin ou raphia, 1,30 m
- Ciseaux
- 1 bâton de colle
- Feutres gouaches ou feutres classiques
- Trace lettres

Banderole d'anniversaire

Une jolie façon de souhaiter un joyeux anniversaire… Tout en couleur et en matières, à découvrir dans une enveloppe et à suspendre pour la fête.

1. Découpez quinze bandes de 5 x 16 cm dans des papiers différents de couleurs et de matières. Pliez chacun d'eux en deux dans la longueur. Pour gagner du temps, aidez-vous d'un gabarit : découpez un « rectangle patron » dans du carton qui vous servira à tracer rapidement tous les rectangles à découper. Glissez un ruban dans le pli et déposez de la colle pour le fixer. Espacez tous les petits rectangles d'environ 1 cm sauf entre le troisième et le quatrième où vous laisserez 3 cm.

2. À l'aide du trace lettres, écrivez "bon anniversaire" avec des feutres. Ne mettez qu'une lettre par rectangle. Si vous le souhaitez, écrivez ensuite un courrier sur le verso de la banderole.

Variante
Vous pouvez aussi découper les lettres dans du papier rigide que vous collerez sur chaque rectangle.

1.

2.

BON ANNIVERSAIRE

Calendrier de l'avent

Un avant-goût de Noël avec ce calendrier coloré, facile et rapide à réaliser, pour décorer la chambre d'un enfant impatient.

Matériel

- 1 enveloppe carrée, format 130 mm x 130 mm
- 23 petites enveloppes, formats 75 mm x 100 mm et 90 mm x 140 mm
- 1 feuille de papier-calque A4
- Carton mini-microcannelé doré
- 24 petites surprises à glisser dans les enveloppes (autocollants, bonbons, devinettes, petits bijoux, images, etc.)
- Ciseaux
- Colle liquide
- Ruban adhésif
- Crayon
- Punaises

1. La seule difficulté de cette création réside dans la façon de disposer les enveloppes. Il faut faire attention aux couleurs qu'on met côte à côte, mais aussi à l'emboîtement des enveloppes entre elles. C'est une sorte de puzzle. Testez vos assemblages en mettant le côté ouverture de l'enveloppe contre le plan de travail. Une fois votre composition arrêtée, posez de l'adhésif à cheval sur les enveloppes posées bord à bord. Retournez ensuite le tapis d'enveloppes.

2. Sur le carton mini-microcannelé doré, décalquez les chiffres et nombres de 1 à 24, côté lisse, à l'envers (patron page 44). Découpez-les avec vos ciseaux. Vous pouvez aussi improviser sans dessiner au préalable, mais découpez à l'envers.

3. Collez les chiffres sur les enveloppes avec de la colle liquide. Glissez des petites surprises peu épaisses. Fermez toutes les enveloppes. Fixez le calendrier sur le mur avec des punaises.

Patron des chiffres page 44

12
6
5
22
1
17
19
18
3
16
21
11
24
9
8
20
2
13
14
7
10
15
23

Pluie d'étoiles

Envoyer vos vœux étoilés qui pourront ensuite être suspendus dans le sapin de noël ou sur un mur.

Matériel

Carte n° 1

- 2 feuilles de papier irisé rose et violine, format A4
- 1 enveloppe carrée rose fuschia, format 140 mm x 140 mm
- 1 feuille de papier irisé or, format A4 recoupée à 210 mm x 210 mm

Carte n° 2

- 1 enveloppe carrée violine irisée, format 165 mm x 165 mm
- 1 règle
- 1 crayon
- 1 cutter
- Ciseaux
- 1 bâton de colle
- 1 grosse aiguille à coudre
- Fil de nylon
- 1 stylo argent (facultatif)

Schéma page 44

1.

2.

3.

4.

Étoile rosée

1. Collez les deux feuilles de couleurs différentes l'une sur l'autre. Découpez un triangle à l'aide du patron de la page 44. Tracez le centre du triangle. Repliez une des trois pointes sur le centre du côté opposé, marquez le pli. Rabattez l'extrémité de la pointe sur elle-même en marquant un pli parallèle au premier, sur le point central du triangle. Répétez l'opération pour les deux autres pointes.

2. Dans un angle du triangle central, faites un trou avec la grosse aiguille et fixez un fil de nylon de 30 cm environ. Glissez une carte de vœux triangulaire découpée dans les chutes de papier et fermez l'étoile en mettant les côtés des triangles, un à un, dans le sens des aiguilles d'une montre : dessus, dessus, dessus et en glissant le dernier côté sous le premier.

Étoile dorée

3. Pliez un carré de papier en deux sur la diagonale afin d'obtenir un triangle. Rabattez la pointe droite du triangle sur le milieu du côté opposé. Replier la pointe comme sur le schéma 1 page 44.

4. Rabattez la pointe gauche comme sur le schéma 2 et ramenez l'ensemble de cette dernière partie vers l'arrière. Coupez en biais comme indiqué sur le schéma 3. Attention, plus l'angle de coupe est aigu, plus les branches de l'étoile seront fines. Dépliez et mettez en forme l'étoile en accentuant les plis manuellement.

Variante

N'hésitez pas à créer de nouvelles associations de couleurs et de matières en utilisant, par exemple, des feuilles de papier-calque coloré.

Matériel

- 4 cartes carrées, format 135 mm x 135 mm ou rectangles, format 110 mm x 155 mm de couleurs assorties
- 1 enveloppe assortie en taille et en couleur
- Papier-calque
- 1 crayon et une gomme
- 1 cutter et une plaque de coupe
- Ruban adhésif transparent mat
- 1 bâton de colle

Carte de Saint-Valentin

Un cœur en camaïeu de rose pour déclarer sa flamme en plein mois de février...

1. Décalquez puis reportez sur une feuille de papier-calque les cœurs de la page 45. Reportez au centre de chaque carte un cœur différent. Découpez sur les traits pour évider les cœurs. Gardez les cœurs découpés.

2. Posez les cartes ajourées devant vous : la première est ajourée du gros cœur, la seconde d'un plus petit, ainsi de suite jusqu'au tout petit cœur. Poser du ruban adhésif à cheval sur deux cartes, sur toute la hauteur.

3. Collez les cœurs que vous avez conservés les uns sur les autres, par ordre décroissant de taille, et cachetez le dos de l'enveloppe avec cet élément.

Variante

Réalisez d'autres motifs sur cette idée : étoiles, cercles, carrés... Il suffit de tracer le plus grand motif et de réduire à plusieurs taux avec un photocopieur.

Patron page 45

1.

2.

3.

Matériel

- 1 carte double carrée, format 135 mm x 135 mm
- 1 enveloppe carrée, format 140 mm x 140 mm
- 1 feuille de papier mûrier à découper aux dimensions de la carte double
- Papier-calque
- 1 feuille de papier brouillon A4
- 1 crayon et une gomme
- 1 cutter et une plaque de coupe
- Patafix

Carte lotus

Comme sortie d'une laque orientale, cette jolie fleur apportera vos vœux de bonheur si vous la glissez dans une enveloppe.

1. Décalquez la fleur de la page 45, sur la partie gauche intérieure de la carte double, en la centrant. Découpez soigneusement les pétales avec un cutter. Gommez les traits de crayon.

2. Refermez la carte. Soulevez chaque pétale pour le mettre en volume : repliez la partie découpée vers le centre de la fleur. Découpez une feuille de papier mûrier à la même taille que la carte double. Pliez-la en deux et glissez-la à l'intérieur de la carte.

3. Sur l'enveloppe, reportez le motif de papillon de la page 45. Glissez une feuille de papier pliée en quatre dans l'enveloppe pour protéger le dos de celle-ci lorsque vous découperez les ailes du papillon avec un cutter. Soulevez et pliez légèrement les ailes.

Conseil

Collez les ailes avec deux petites boules de Patafix pour qu'elles ne s'abîment pas pendant le voyage postal.

Patron page 45

Enveloppes personnalisées

Réalisez des enveloppes à la hauteur de vos nouvelles ! Semis de fleurs ou ajourés malins, voici cinq idées astucieuses qui apporteront une touche de fantaisie à votre courrier.

Matériel

- 1 carte et une enveloppe de couleurs différentes
- Papiers variés (papier-calque coloré, papier mûrier, papiers matières, papier origami, etc.)
- 1 morceau de carton rigide au format de l'enveloppe
- 1 règle
- 1 crayon
- 1 cutter
- Colle
- Ciseaux
- Gommettes rondes de diamètres variés
- Fil de couture

1.

2.

3.

4.

5.

Enveloppes tronquées (photo page 26)

Tracez au crayon des motifs simples sur les bords de votre enveloppe (triangles, carrés...) puis découpez-les avec un cutter. Glissez une carte de couleur différente à l'intérieur : la forme évidée apparaît en couleur. Vous pouvez aussi utiliser des ciseaux crantés.

1. Adresses ajourées

Glissez un carton rigide à l'intérieur de l'enveloppe pour ne pas abîmer le verso. Tracez avec un crayon le contour du cadre réservé à l'écriture de l'adresse. Les formes de ce cadre peuvent être très variées. Évidez-le avec un cutter puis remplacez le papier rigide par la carte de couleur. Avant d'écrire la carte, écrivez l'adresse du destinataire, carte dans l'enveloppe. Retirez ensuite la carte, retournez-la et écrivez votre courrier.

2. Fleurs à coller (photo page de droite)

Pliez en quatre, en six ou en huit plusieurs carrés de papiers variés en couleurs et en matières. Aidez-vous des exemples de la page 46 pour les découper. Superposez les différents pliages en déposant un point de colle au centre. Utilisez ces fleurs comme vous le souhaitez. Si vous utiliser du papier rigide, relevez légèrement les pétales pour donner du relief à la fleur.

3. Corolles de papier raffinées

— Découpez deux carrés de papier et pliez chacun d'eux selon
4. le schéma indiqué page 46. Découpez la forme choisie. Sans
— déplier, collez les deux pliages l'un sur l'autre. Collez un fil
5. de façon à ce qu'il passe au centre des deux faces et qu'il
dépasse d'environ 10 cm de chaque côté. Déposez de la colle
sur une face, puis collez la corolle sur l'enveloppe ou sur la
carte. Faites un nœud qui puisse être défait avec les deux
extrémités du fil.

Enveloppes gommettes

Utilisez tout simplement des gommettes pour fermer l'enveloppe, délimiter l'espace réservé à l'écriture de l'adresse ou tout simplement pour décorer. Vous pouvez aussi jouer à les superposer.

Matériel

- 1 carte double, format 106 mm x 213 mm
- 1 enveloppe assortie, format 110 mm x 220 mm
- 1 feuille de papier mûrier aux dimensions de la carte double
- 1 feuille de papier-calque A4
- 1 crayon et une gomme
- 1 cutter et une plaque de coupe
- 1 bâton de colle

Merci !

Un merci retentissant qui vient du cœur… d'une petite carte ! N'hésitez pas à faire varier la taille de votre Merci en fonction de votre reconnaissance…

1. Sur la carte pliée, décalquez le mot « MERCI », à l'échelle de votre choix. (Vous trouverez le patron page 47.) Positionnez-le à gauche, sur le pli vertical. Carte fermée, découpez uniquement les traits de crayon que vous avez décalqués. Détachez les lettres les unes des autres en les rabattant vers le haut.

2. Remettez les lettres à leur place initiale puis ouvrez la carte. Refermez-la mais, cette fois, dans l'autre sens (l'extérieur devient l'intérieur) et poussez les lettres vers l'intérieur. Encollez l'extérieur de la carte, en insistant bien sur les interstices entre les lettres, et appliquez la feuille de papier mûrier.

Variante

Vous pouvez également choisir de ne pas recouvrir votre pop-up d'un second papier, mais le jeu de transparence qu'offre ce type de créations est particulièrement raffiné et mettra particulièrement en valeur la matière du papier. Variez les messages : dites « BRAVO ! », « HOURRA ! » ou bien d'autres choses encore…

Patron page 47

Ombre chinoise

Quoi de mieux qu'un oiseau pour porter des nouvelles ?
En deux temps trois mouvements, vous obtiendrez une carte ajourée et une enveloppe originale.

Matériel

- 1 carte double, format 111 mm x 158 mm
- 1 enveloppe, format 114 mm x 162 mm dont la couleur contraste avec celle de la carte
- 1 feuille A4 de papier-calque de couleur
- 1 feuille A4 de papier-calque
- 1 cutter et une plaque de coupe
- 1 crayon et une gomme

1. Décalquez le dessin page 47 à l'intérieur de la carte double, côté gauche.

2. Ouvrez la carte et découpez soigneusement le motif avec le cutter sur la plaque de coupe, en faisant attention à ne pas abîmer les morceaux évidés. Réservez-les. À l'intérieur de la carte, glissez la feuille de papier-calque coloré découpée aux dimensions de la carte double pliée en deux.

3. Reconstituez l'oiseau avec les morceaux réservés et collez-les sur l'enveloppe. Écrivez l'adresse à l'intérieur du motif de l'oiseau.

Variante

Vous pouvez aussi choisir de fabriquer une seconde carte avec les morceaux évidés, que vous collerez.

Patron page 47

CÉCILE AMAURY
22 RUE St EUVERTE
45000 ORLÉANS

Plis de mariage

Annoncez votre mariage de manière élégante avec des pliages simples qui, en se jouant de la lumière, créeront une sensation de relief très raffinée.

Matériel

- 1 carte rectangulaire
- 1 carte double crème rectangulaire, format 111 mm x 158 mm
- 1 enveloppe assortie, format 114 mm x 162 mm
- 1 carte double crème carrée, format 160 mm x 160 mm
- 1 enveloppe assortie, format 165 mm x 165 mm
- 1 ordinateur équipé d'une imprimante
- Boutons en nacre
- 1 règle
- 1 cutter et une table de coupe
- 1 crayon et une gomme
- Colle contact

Patron page 46

TRIOMPHE

1.

2.

3.

4.

Carte rectangulaire

1. Sur la carte fermée, préalablement imprimée d'un monogramme (de 2,5 cm de côté, centré dans la hauteur et à environ 3,5 cm du pli vertical gauche de la carte fermée), faites un repère au crayon au milieu du côté vertical droit. Tracez une ligne entre ce point et l'angle supérieur gauche en incisant doucement le papier avec le cutter : cela permettra d'obtenir un pli net. Renouvelez l'opération avec l'angle inférieur gauche. Pliez chaque angle vers l'intérieur de la carte puis dépliez. Recommencez ces opérations sur le dos de la carte fermée.

2. Ouvrez la carte, visualisez un losange. Tracez à 5 mm à l'extérieur des traits formant ce losange, des lignes parallèles. Incisez légèrement le papier sur ces lignes avec le cutter. Gommez les traces de crayon puis forcez le pliage dans un mouvement de l'extérieur vers le centre de la carte.

Carte carrée

3. Imprimez un monogramme (de 2,5 cm de côté, positionné à environ 1,5 cm de l'angle haut et droit de la carte fermée). Ouvrez la carte, tracez deux diagonales dans l'angle haut et gauche en vous aidant du schéma page 46, et incisez légèrement ces traits avec le cutter. Gommez les traces de crayon puis formez le pliage en tirant le papier vers vous.

4. Fermez la carte et marquez avec le cutter une ligne parallèle à chaque pli, 5 mm au-dessus de chacun d'eux. Formez le pliage en pliant et dépliant le papier incisé.

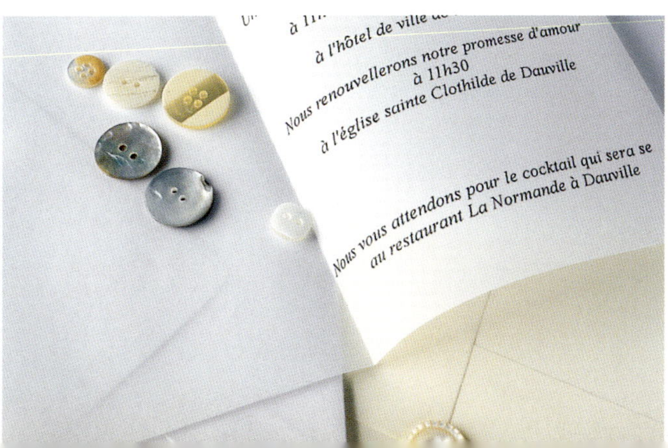

Conseil

Glissez à l'intérieur de la carte le texte d'invitation imprimé sur du papier-calque blanc ou légèrement coloré. Si vous ne souhaitez pas imprimer le monogramme, utilisez deux tampons pour inscrire vos initiales sur la partie en relief. Pour décorer l'enveloppe assortie, collez un bouton de nacre sur le rabat, au verso.

Matériel

- 1 carte double, format 106 mm x 213 mm
- 1 feuille de papier-calque neutre ou colorée, format 106 mm x 213 mm
- 1 ordinateur équipé d'une imprimante
- 2 fleurs (ici des arums)
- 1 règle
- 1 cutter et une plaque de coupe
- 1 crayon
- 1 agrafeuse

Conseil

Pour l'imprimer deux fois simultanément, utilisez une feuille de papier-calque A4. Divisez-la en deux verticalement et horizontalement avec le logiciel et saisissez le même texte dans chaque partie de droite.

Menu de fête

Une façon originale de fleurir une table de façon éphémère et de présenter en même temps le menu des festivités.

1. Ouvrez la carte puis retournez-la. Tracez légèrement avec le cutter une ligne verticale sur toute la hauteur de la carte, à 3 cm du côté vertical gauche. Pliez le papier vers l'arrière. Retournez la carte et répétez la même opération en partant du pli central de la carte et en pliant le papier vers l'avant.

2. Carte ouverte, réalisez sur chaque pli six entailles de 3 cm de en les positionnant à cheval : 1,5 cm de part et d'autre du pli. Espacez-les verticalement de 3 cm. Ouvrez la carte, et, sur le premier pli vertical, poussez un espace entre deux incisions sur deux vers l'intérieur de la carte, de manière à obtenir un relief. Forcez bien le pliage pour marquer les plis.

3. Renouvelez cette opération pour la deuxième ligne, en inversant le sens de la poussée. Repliez la carte. Imprimez le texte du menu sur la feuille de papier-calque, glissez celle-ci à l'intérieur de la carte et posez deux agrafes. Au moment de dresser la table, glissez les deux fleurs.

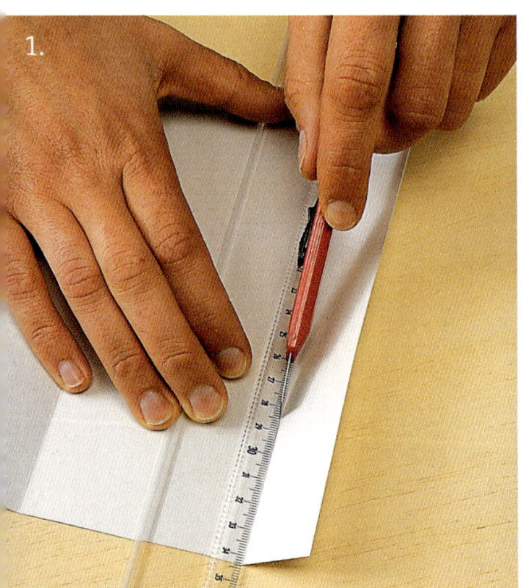

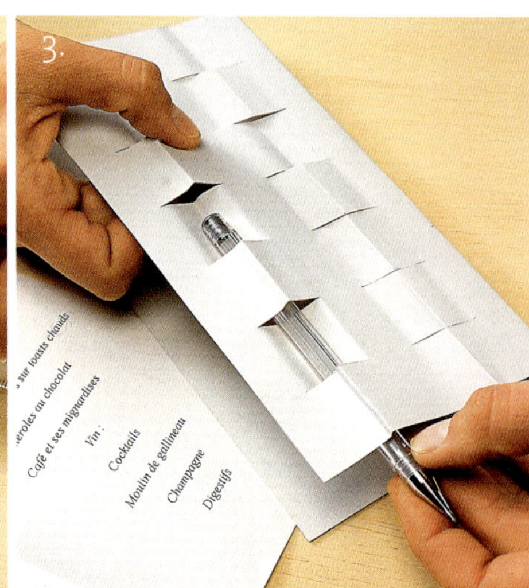

Carte de fête
forme/contre-forme

Pour se jouer des rondeurs de cette carte, créez un photophore pour un buffet de fête. Et pour recycler la contre-forme destinée normalement à être jetée, voici un courrier très festif à envoyer à tous les invités.

Matériel

POUR L'INVITATION :

- 1 CARTE DOUBLE RONDE PRÉDÉCOUPÉE, FORMAT 135 MM DE DIAMÈTRE
- 1 FEUILLE DE PAPIER MATIÈRE (MÛRIER, BANANE, INDIEN, ETC.) OU DE PAPIER-CALQUE
- 1 CARTE DE COULEUR, FORMAT 148 MM X 210 MM
- 1 STYLO BLANC

POUR LE PHOTOPHORE :

- 1 MACHINE À COUDRE
- 1 BOUGIE CHAUFFE PLAT
- 1 VERRE CYLINDRIQUE
- RUBAN ADHÉSIF DOUBLE FACE

1.

2.

3.

4.

Carte de fête forme/contre-forme

L'invitation

1. Détachez la carte ronde de son support. Placez dessous une feuille de papier matière ou de papier-calque. Pliez en deux la carte pour marquer un pli central puis ouvrez à nouveau. Agrafez en deux points sur ce pli en posant une gomme sous la partie à agrafer. Retirez la gomme et fermez l'agrafe sur elle-même.

2. Rédigez le texte de l'invitation sur la feuille intérieure en vous aidant de la contre-forme de la carte ronde, ceci pour respecter la surface ronde à couvrir d'écriture.

Le photophore

3. Utilisez une machine à coudre non enfilée pour coudre à blanc des lignes de perforations sur une seule face de la carte ronde double.

4. Déposez une bougie chauffe plat dans un verre. Glissez la partie ronde non perforée de la carte sous le verre. La partie perforée cache le verre, sur un plan perpendiculaire.

Conseil

Pour le photophore, faites attention à l'inclinaison du papier : il ne doit pas être près de la flamme de la bougie lorsque vous l'allumerez.

Patrons et schémas

CALENDRIER DE L' AVENT pages 16-17

chiffres

Agrandir à 200 %

PLUIE D'ÉTOILE pages 18-21

étoile rosée

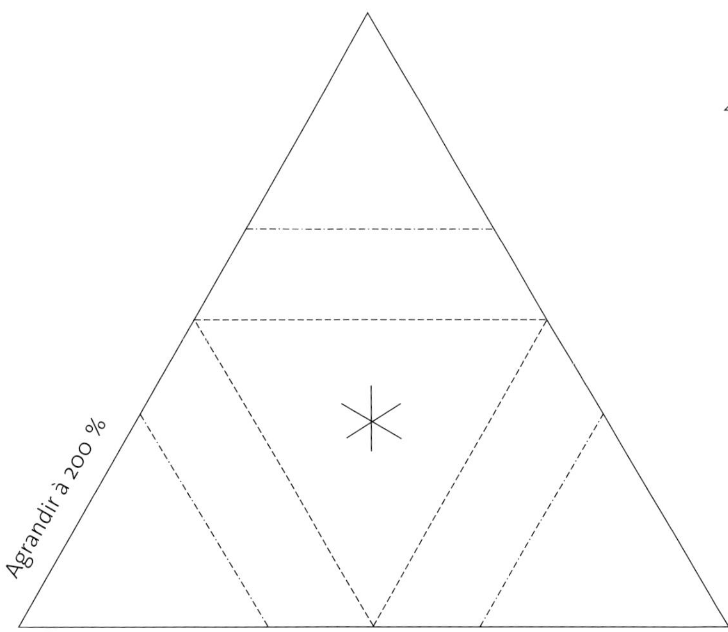

pli sur l'avant

pli sur l'arrière

étoile dorée

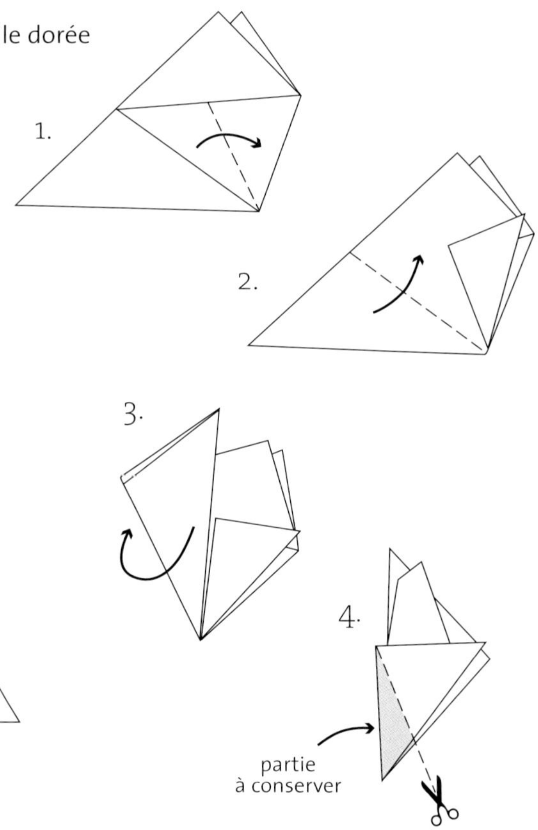

CARTE DE SAINT-VALENTIN

pages 22-23

Agrandir à 125 %

grandir à 125 %

CARTE LOTUS

pages 24-25

Agrandir de 125 %

ENVELOPPES PERSONNALISÉES pages 26-29

corolles de papier raffinées

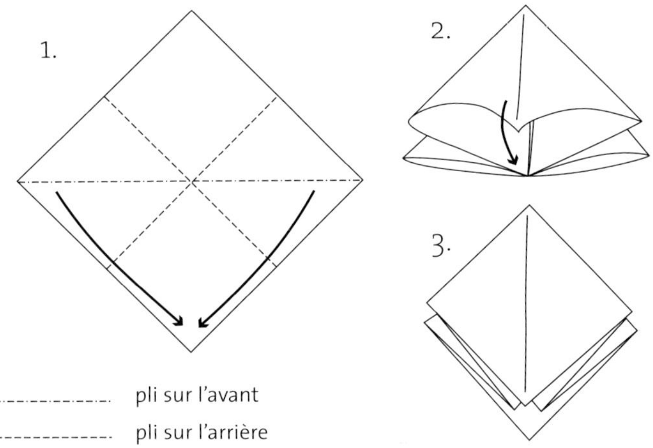

- - - - - - pli sur l'avant

- - - - - - pli sur l'arrière

pour fabriquer les fleurs à coller

quand le carré est plié en six

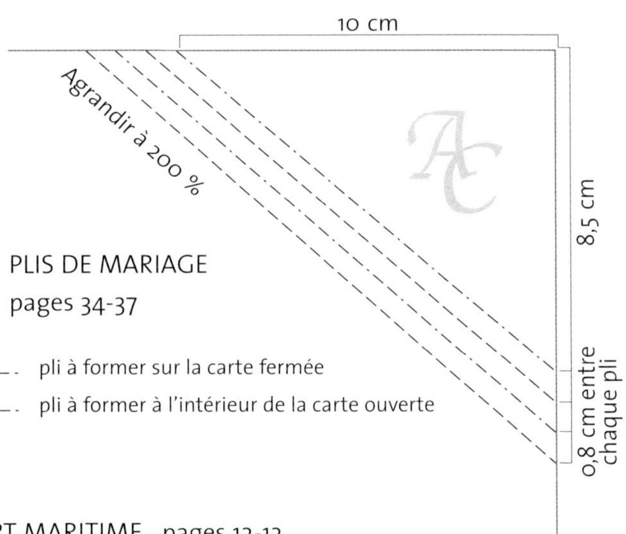

PLIS DE MARIAGE

pages 34-37

- - - pli à former sur la carte fermée

- - - pli à former à l'intérieur de la carte ouverte

FAIRE-PART MARITIME pages 12-13

fabrication du bateau

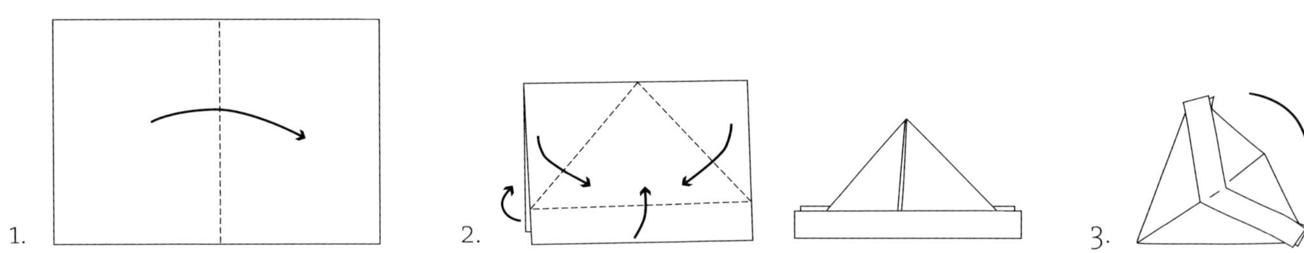

MERCI ! pages 30-31

Agrandir à 125 %

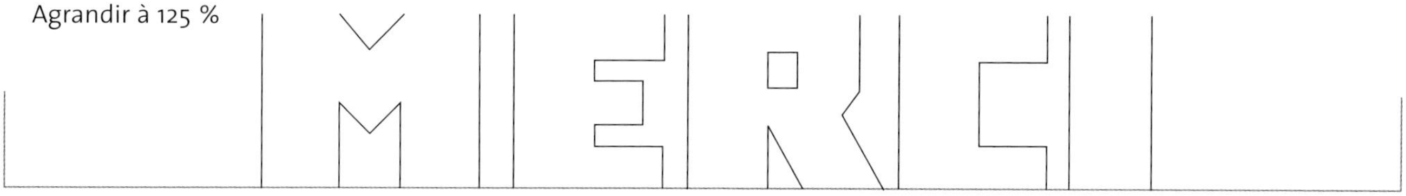

OMBRE CHINOISE

pages 32-33

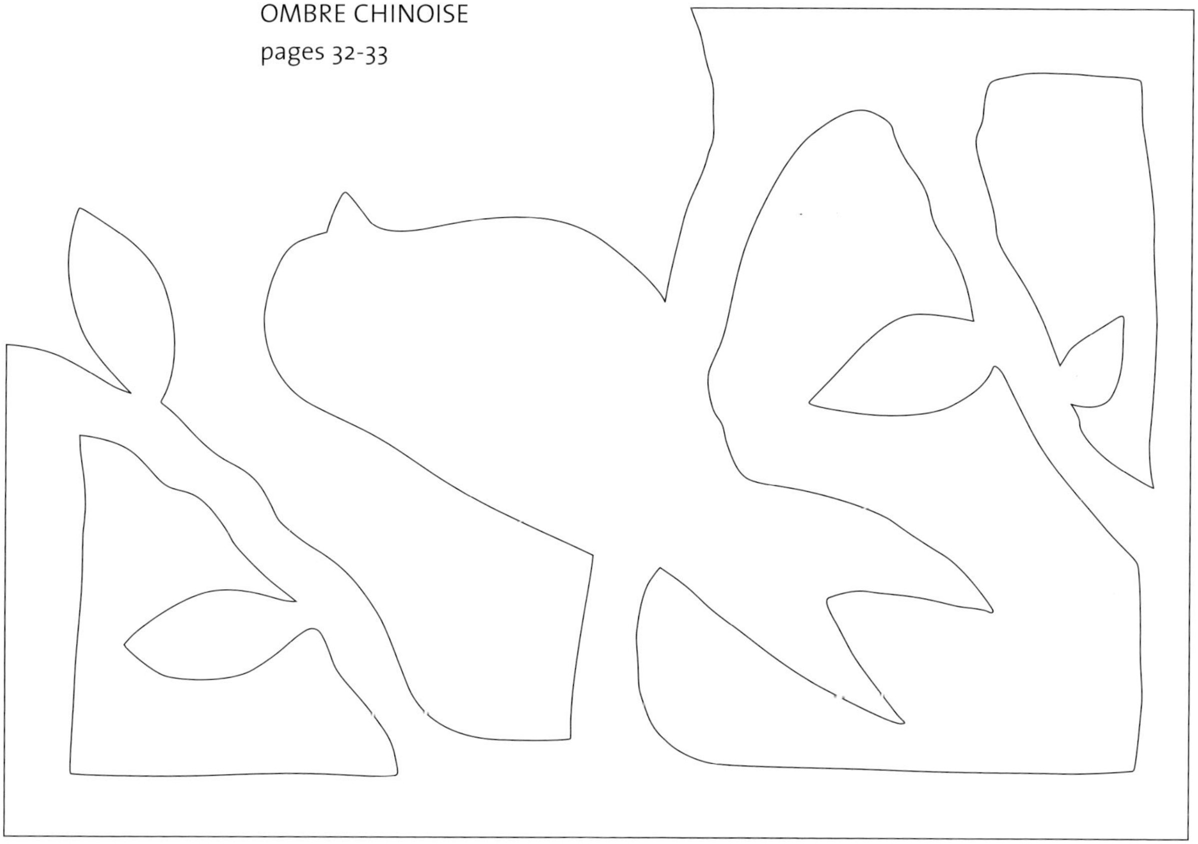

4. 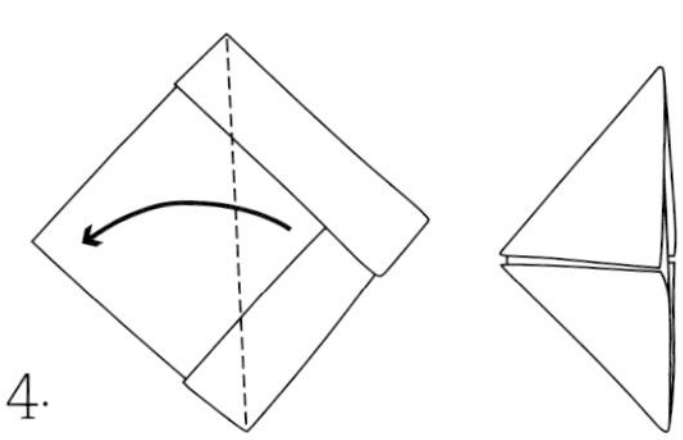

5. 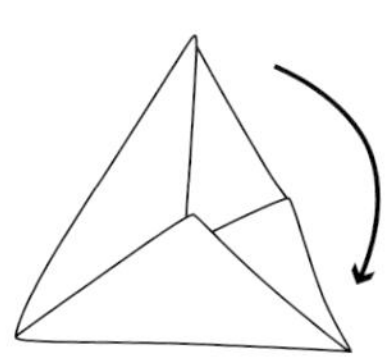

6. 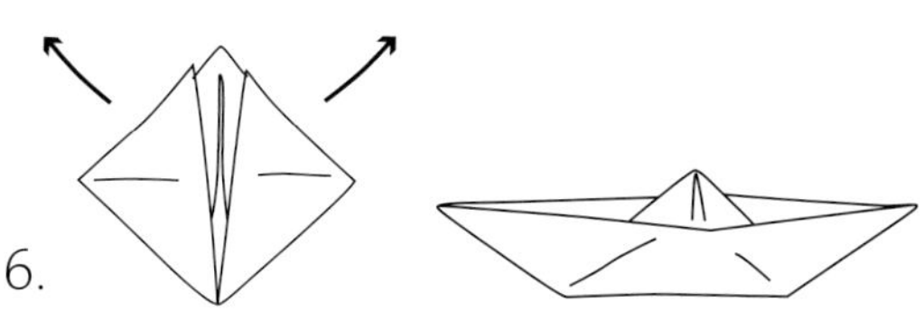

REMERCIEMENTS

Merci à Jülïde Bigat pour son aide logistique, ainsi qu'à Philippe, Pascale, Morgane et Lou pour leur soutien tout court.
Merci à tous ceux qui ont testé les créations : Anne, Cécile et Amaury et à maman Nivet.
Merci à Sophie pour nous avoir fait confiance.
Merci à Eva pour sa frimousse et à Wilfrid et Lydie.

Merci à Jean-Jacques, Cathy et Élodie pour les bons moments hors travail. Merci à Dominique et François pour leur accueil toujours extraordinaire, à Jocelyne pour les belles choses qu'elle nous a confiées pour les photos : Boutique Esprit de sel, 10, rue de la République, à Carcassonne (11000).
Le gâteau de la page 15 a été fait par Jacques Blanquier, pâtissier à Trèbes (11800).

Merci à Angeline et Julie...

Merci à Clairefontaine.
Site Internet : www.clairefontaine.com